AF509316

DROITS D'USAGE :

PATURAGE, HERBE, BOIS-MORT ET MORT-BOIS.

MÉMOIRE A CONSULTER,

DE M. LANGLOIS,

Avocat à la Cour royale de Paris.

CONSULTATIONS

De MM. PAILLET,
DE VATIMESNIL, | Avocats à la Cour royale de Paris.
DUVERGIER,

St. Ch. CLÉRAULT, Avocat aux Conseils du Roi et à la
Cour de cassation.

MÉMOIRE A CONSULTER

SUR LES DROITS D'USAGE

DES COMMUNES DE VERNONNET, PRESSAGNY - L'ORGUEILLEUX, NOTRE-DAME-DE-L'ISLE, HENNESYS ET BOIS-JÉROME (Eure),

DANS LES FORÊTS DE VERNON ET D'ANDELY, APPARTENANT AU DOMAINE PRIVÉ DU ROI.

Ces communes ont depuis plusieurs siècles des droits d'usage importans dans les forêts de Vernon et d'Andely ; la continuité de leur jouissance est aussi incontestable que l'antiquité de ces droits, et l'une de ces communes, Notre-Dame-de-l'Isle, a retrouvé dans ses archives son ancien titre de *ville,* mêlé aux origines de son droit.

Si l'on considère, d'ailleurs, la position que la plupart de ces communes occupent, resserrées qu'elles sont entre la forêt qui les domine et la rive droite de la Seine qui en arrête le développement, on conçoit que sur ce sol étroit et infertile leurs droits d'usage ont, dans tous les temps, été une condition de leur existence ; c'est là en effet que les habitans de ces pays ont constamment trouvé une alimentation suffisante pour leurs bestiaux, et, pour eux, le chauffage qu'ils chercheraient en vain ailleurs sur leur territoire.

Aussi leurs actes de jouissance se sont-ils nécessairement continués sans interruption depuis l'origine ; l'étendue de cette jouissance, la manière de l'exercer, seules, ont varié selon l'état des forêts et le progrès des temps, dans l'intérêt bien entendu des propriétaires et des usagers.

Ces divers points ressortiront suffisamment de l'exposé des titres, des faits qui les ont précédés, accompagnés ou suivis, et des documens même qu'on oppose aux communes dont nous apprécierons les conséquences légales. Nous examinerons ensuite les difficultés graves qui mettent, aujourd'hui, en question l'existence même du droit des communes.

Tel est le double objet de ce mémoire; il en formera les deux parties distinctes.

PREMIÈRE PARTIE.

EXPOSÉ DES TITRES DES COMMUNES ET DES DOCUMENS QU'ON LEUR OPPOSE.

Cet exposé comprend trois périodes qu'il importe de distinguer avec attention : la première est celle de la constitution des droits des communes; la seconde, celle des restrictions apportées temporairement à l'exercice de ces droits; et la troisième, celle du retour aux droits originaires, avec les modifications que les temps et l'usage ont apportées au mode de jouissance; nous les parcourrons en indiquant successivement les questions qui naissent des documens et des faits qui se sont produits durant ces diverses phases que le droit des communes a suivies.

§ 1er. — PREMIÈRE PÉRIODE.

De la constitution du droit d'usage.

Les plus anciens titres que les Communes aient pu retrouver jusqu'ici sont les mandemens du roi Charles VI et du grand maître des eaux et forêts de France du 2 décembre 1409, et la sentence du grand maître des eaux et forêts de Normandie, rendue en vertu de ces mandemens le 22 décembre de la même année.

Cette sentence constate : « Qu'après *information, en la ville d'Andely, pour*
» *sçavoir et enquérir la vérité; l'escuyer Verdier des dictes forestz de Vernon et*
» *Andely, le lieutenant du Verdier et le clerc des dictes forestz, sergens* et autres
» gens du roy, *appellés,* d'une part, en présence du procureur du roi, et, de
» l'autre, des hommes de toute condition et de tout âge, *non coustumiers,* parmi
» lesquels on remarque nombre d'octogénaires, *le grand maître a jugé et déli-*
» *béré, par advis de gens de conseil,* que les habitans des *ville et paroisses de Nostre-*
» *Dame-de-l'Isle, Pressagny-l'Orgueilleux et Boisgeraulme, coustumiers en la forest*
» *de Vernon, ont bien et duement prouvé estre et avoir été en bonne possession et*
» *saisine de tel et si long-temps qu'il n'est mémoire du contraire.*

» *De prendre avec ferremens en la dite forest le bois d'entrée, hors tailles et déf-*

» *fens quand ils le pouvoient abattre, près la receppe par le sec en coupant et suyvant*
» *toujours le sec.*

» *Item, d'y avoir et prendre tout mort boys, comme marsaulx, érable, tremble,*
• *et autre mort boys, sauf que du bois de boul.*

• *Item, pasturaige à toutes leurs bestes hors tailles et deffens, réservé les porcs au*
» *mois deffendu et les chèvres en tous temps.*

» *Avons delivré les droitures, usaiges et coustumes ci-dessus specifiez et declairez*
• *et l'empeschement qui mis y étoit, avons osté et ostons à plain, et donnons licence*
• *d'en joyr et user pour le temps advenir, comme déclairé est ci-dessus.* »

Ces droits ont ainsi été constitués, dès l'origine, par contrat à titre onéreux ; la
sentence ajoute en effet :

Et pour icelles coustumes avoir, sont tenus de payer les dits habitans, par chacun
an, au roi notre dit seigneur, certaines rentes et redevances qui sont énumérées en
cette sentence ; il n'y avait d'exception à cet égard que pour les détenteurs des
maisons situées au lieu dit les *Petits-Francs,* en la commune de Notre-Dame-
de-l'Isle et Pressagny-le-Val, qui n'étaient tenus de payer chacun que trois de-
niers parisis, suivant acte du 6 novembre 1620.

Enfin, la sentence se termine par cette déclaration de la maîtrise des eaux et
forêts de Normandie : que, tout vu et considéré, *tant de faict comme de droict, par*
vertu des dictes lettres royaux et mandemens : Avons délivré les droictures, usaiges et
coustumes ci-dessus spécifiéez et donné licence d'en jouir et user pour le temps advenir.

Tel est le contenu de la sentence ; elle ne laisse indécise qu'une seule question :
celle du droit au *boys de boul,* sur laquelle il y avait procès depuis 1407. Mais il
fut jugé, le 8 octobre 1411, par le conseiller du roi, au bailliage de Gisors, que
ce fut *à tort et sans cause* que les habitans avaient été empêchés d'user de ce bois ;
ce point a été, du reste, long-temps et vivement débattu (1).

Ces mandemens et sentences sont au long relatés dans une pièce en parchemin,

(1) Les particularités de ce procès ne sont pas sans quelqu'intérêt historique : la cause mise d'abord
à *l'audiendi* de *l'eschiquier,* tenu à Rouen le lendemain de la Quasimodo 1407, fut renvoyée *aux pro-*
chains jours de Vernon, par suite de la *multiplication* des causes.

Mais la justice ambulatoire de ce temps passa à Vernon *sans avoir aucunement procédé à l'expédition*
de la dite cause. Ce fut Charles VI qui, touché des souvenirs que les habitans des Communes avaient
conservés de la reine Blanche de *Navarre,* dont ils invoquèrent le nom, leur octroya *de grâce spéciale*
le droit *d'être jugés par abréviation.*

Cette reine mourut en 1398 en la commune de Néaufle-les-Gisors (qui avait aussi des droits d'usage)
et son cœur fut déposé en l'église collégiale de la ville de Vernon dont elle était *Dame.*—Elle imita si
bien par ses bonnes œuvres *Blanche de Castille,* mère de saint Louis, mariée dans une modeste
église de Portmort, qu'on les confond souvent ; mais leurs bienfaits sont restés, et ils sont gravés,
comme ceux de saint Louis, dans la mémoire des pauvres de la contrée.

en tête de laquelle le roi explique comment ayant reçu l'*humble supplication* des habitans desdites ville et communes, que *ses officiers empeschoient* de jouir de leurs droits, il a mandé à son grand-maître de faire faire une *information*, qui fut suivie des *lettres de sentence* que nous venons de voir. Rien ne manque à ces titres : ils sont revêtus de la solennité des formes et de l'autorité la plus respectable de ces temps ; partout éclate la volonté du roi, que bonne justice soit faite aux communes ; il a fait solennellement reconnaître leurs droits, et leur a donné des juges qui leur ont rendu cette justice.

Il est à remarquer que la sentence du 22 décembre 1409, constate que, dès ce temps, la possession immémoriale existait en faveur des communes : lesquelles ont *prouvé*, dit-elle, *être en bonne possession de si long-temps, qu'il n'étoit mémoire du contraire.*

Cette possession était par elle-même un titre, en effet, conformément aux ordonnances de nos rois, de 1376, de 1388, art. 23 ; de 1402, art. 29 ; et ce titre est encore des plus respectables (1).

D'autres titres sont énoncés dans des pièces postérieures, mais ils n'y sont généralement relatés que par leur date : telles sont les lettres de sentence du 20 février 1450, dont nous trouverons le contenu dans une sentence de la Table de marbre de 1535 ; les lettres d'attache du grand-maître de 1452 et des lettres de 1454, 1463 et de 1528.

Mais nous arrivons à l'institution d'une justice régulière : la juridiction des *Tables de marbre;* celle du palais de Rouen fut la seconde du royaume de France ; l'édit de création est de novembre 1508, et il a été *enregistré en la cour de l'Echiquier, le 2 mars même année* (à cette époque l'année commençait à Pâques). Elle sera désormais la seule qui ait, avec cette cour, le pouvoir de *cognoistre de toutes et chacune causes, querelles, questions, abus, débats, et appellations, etc.... nonobstant quelconques ordonnances.... à impétrer à ce contraires* (2)[1].

C'est ainsi que le 1er avril 1535, cette juridiction fut appelée à prononcer entre les *manans* et *habitans* de Vernonnet, demandeurs d'une part, et le procureur général du roi, défendeur, de l'autre.

La sentence relate que le 20 février 1450, après enquête, il est apparu à la maîtrise : *Que les hommes de Vernonnet et Chanteraine avoient usage en ladite forêt de Vernon,* mais *avant faire droit définitivement,* le tribunal dit qu'un

---

(1) Voy. Proudhon. Édition de Curasson. Tome I, N° 105.

(2) C'est donc par erreur que M. Isambert a cru l'existence de cet édit *plus que douteuse,* t. XI, n. 88, des *anciennes lois françaises.*

Nous devons ce précieux document à la communication que M. Pardessus a bien voulu nous en donner ; il paraîtra dans le XXIe volume des *Ordonnances de la 3e race,* que l'Académie *des Inscriptions et Belles-Lettres* publie sous la direction de ce savant jurisconsulte.

commissaire sera député pour faire le dénombrement des maisons et de celles bâties depuis 40 ans, et l'*inquisition de l'état, qualité et possibilité de ladite forêt*.

Ces dernières dispositions sont conformes aux ordonnances de nos rois en cette matière; l'art. 30 de celle de 1376, reproduit dans l'art. 28 de celle de 1402, et l'art. 29 de celle de 1515, portent qu'on *doit pourvoir aux besoins des usagers selon possibilité des forêts* et la qualité des personnes.

C'est, en effet, de l'*état* bon ou mauvais de la forêt, et de *la possibilité ou de l'impossibilité* d'y exercer les droits d'usage, que devaient surgir toutes les questions qui étaient agitées dès ce temps, et que nous allons voir s'élever pendant des siècles. Ce sont elles encore qui, en réalité, donnent lieu aux difficultés actuelles; nous devons appeler, dès à présent, toute l'attention sur ce point.

Toutefois, *par manière de provision* et jusqu'à ce qu'il en ait *été autrement ordonné* par le tribunal, les juges ont reconnu aux demandeurs la faculté *de prendre en ladite forêt* de Vernon, *tout bois sec en estant* et *en gisant, et vert en gisant sans câble pour le chauffage. ... et le mort-bois tel qu'il est déclaré en la charte du pays de Normandie, et arrêts donnés par lesdits juges*; c'est à savoir : *saulx, marsaulx, seur, aulnes, genets, genièvres, puisne, espine et ronce, pour leur usage et sans excès*; lequel *mort-bois ils ne pourront prendre dedans la vente qu'ils ne soient de l'âge de huit ans.*

» *Aussi pourront envoyer paistre et pasturer leurs bêtes aumailles ou chevalines dans ladite forest et pessonner leurs porcs en temps de pesson et glandée hors les ventes jeunes, etc. . . . . . »*

Aucun autre jugement n'est émané de cette juridiction, et par cela même que le tribunal n'a rien *ordonné de contraire*, ce jugement est devenu définitif.

Les droits de la commune de Vernonnet sont du reste comme ceux des autres communes, le résultat d'un contrat à titre onéreux; les habitans devaient tous payer les *rentes et redevances* convenues au *feu le feu*, parce que tous les habitans y avaient également droit.

C'est ainsi que la commune de Vernonnet seule, a payé, suivant quittance du commissaire royal, du 23 juin 1639, une somme de 330 *livres*, pour la jouissance, y est-il dit, *des droits de pâturage et de chauffage en la forêt de Vernonnet*; et le 4 juin 1641, le commissaire siégeant au bailliage d'Andely, a fixé à 800 livres le droit d'amortissement de ces rentes et redevances, à répartir sur *tous les habitans au feu* le feu, *eu égard à la quantité* de bestiaux que chacun possède; ces sommes étaient considérables pour le temps.

Nous entrons ainsi sous le régime de l'ordonnance du mois d'août 1669; cette ordonnance, qui contient un système complet, doit fixer particulièrement notre attention : 1° par les conséquences qu'elle attache à la constitution, à titre onéreux du droit d'usage; 2° à cause des restrictions qu'elle permet d'apporter à l'exercice de ce droit, selon *la possibilité ou l'impossibilité de l'exercer*, ainsi que l'avait réglé d'ailleurs l'ordonnance de 1583; et 3° en ce qu'elle détermine la compétence de la juridiction de la Table de marbre et du parlement, qui doivent, suivant le titre XIII de cette ordonnance, connaître seuls, en premier et en dernier ressort, *de tous procès civils et criminels* concernant les forêts; les grands-maîtres eux-mêmes doivent les leur *envoyer* (art. 1).

DEUXIÈME PÉRIODE.

RESTRICTIONS TEMPORAIRES A L'EXERCICE DES DROITS D'USAGE.

La question de possibilité de l'exercice des droits d'usage que les ordonnances forestières ont très bien prévue, comme nous venons de le voir, se trouve tout entière dans les documens dont nous avons à nous occuper durant cette seconde période.

Les communes ont continué de payer les rentes et redevances qu'elles devaient pour le prix des concessions des droits d'usage, et elles les ont acquittées tout entières aux fermiers généraux et autres agens du domaine, après comme avant l'ordonnance de 1669.

Cependant des restrictions plus ou moins considérables ont été apportées à diverses époques à l'exercice de ces droits; il faut, pour en apprécier exactement la portée, examiner dans leur ensemble les documens qui les concernent, et les rapprocher du texte de nos lois et ordonnances en cette matière.

Ces documens sont de deux sortes: ils consistent dans un état et un arrêté fait en conseil, les 27 décembre 1673 et 24 juin 1687; en des ordonnances du grand maître des eaux et forêts de 1754 et 55, 1756, et en une décision confirmative de ces ordonnances, rendue par les commissaires de la Cour des comptes du 28 août 1776 : — tous ces actes ont eu pour objet, généralement, de restreindre l'exercice des droits de pâturage, d'abord à un certain nombre de bestiaux par feu; ensuite, à un certain nombre d'usagers, et enfin à un moindre nombre de bêtes encore.

Ainsi, pour les communes de Vernonnet et d'Hennesys, le pâturage, qui était illimité dans l'origine, fut restreint à deux bêtes aumailles et le panage à deux porcs par feu, suivant l'état dressé en 1673.

En 1687, on fit plus à l'égard des communes de Pressagny-l'Orgueilleux, de Bois-Jérôme et de Notre-Dame-de-l'Isle. Sur la réclamation de ces communes, qu'on avait omis de comprendre dans l'état de 1673, on adopta, sur l'avis du grand maître dans l'arrêté du 24 juin, la réduction à deux bêtes aumailles, et de plus

on déclara restreindre l'exercice de ce droit « aux usagers des communes de-
» meurant dans les anciennes maisons usagères, bâties sur les anciens fonde-
» mens, quarante ans avant 1600, et débouter des autres droits de chauffage
» et à bâtir. »

Cependant toutes les communes indistinctement n'en continuèrent pas moins
de payer les rentes et redevances ; ainsi, ces trois dernières furent comprises
au bail du fermier général du 4 décembre 1681, pour *deux cents livres* et *six
douzaines de poulets*; c'était toujours l'exécution du titre originaire.

La suppression du droit au bois à bâtir était prévue par l'art. 10 du titre 20
de l'ordonnance de 1669, lorsque la possession avait cessé avant 1560, année
correspondante à quarante avant 1600 ; les communes ne réclament rien à
cet égard.

Et quant aux autres restrictions, elles étaient prévues en ces termes par l'ar-
ticle 110 de l'ordonnance de 1683 : « Voulons qu'il soit informé *par les grands
maîtres de la possibilité* ou de *l'impossibilité* de nos forêts, et *suivant icelles* les
usagers restreints et *réglés*. »

L'avis du grand maître, que l'arrêté de 1687 a visé, n'est pas représenté ;
mais il est évident que cet avis, suivant lequel a été pris l'arrêté et qui s'y réfère puisqu'il ne contient pas de motifs, est basé sur *l'impossibilité* de l'exercice
du droit, prévue par les ordonnances auxquelles l'arrêté déclare se *conformer*.

Or, ces avis, et arrêté et *règlements*, devaient-ils durer plus long-temps que
l'impossibilité d'user davantage du droit ? n'étaient-ils pas essentiellement subordonnés à l'état de la forêt, et en ce sens purement provisoires ?

Cette question a été tranchée par les ordonnances des grands maîtres, en
date de 1754, 55 et 56.

En effet, ces ordonnances, qui vont plus loin encore que les avis et arrêtés
précédens, puisqu'elles restreignent les usagers au pâturage d'*une seule vache,*
sont déclarées purement *provisoires* dans plusieurs partie, de l'acte de 1776 dont
nous avons maintenant à nous occuper.

Ce document est émané des commissaires de la chambre des comptes.

Mais il faut savoir d'abord à quelle occasion, comment, et dans quel but des
commissaires de la chambre des comptes sont intervenus dans cette affaire, car
on oppose surtout ce document, qualifié de *jugement*, aux communes.

Suivant acte notarié du 19 mars 1762, le roi échangea entre autres domaines, les forêts de Vernon et d'Andely, avec le comte d'Eu, qui donna en
contre-échange la principauté de Dombes; et comme ces forêts dépendaient du
domaine de l'État, l'échange ne pouvait se consommer qu'autant que la valeur

respective des biens échangés serait déterminée par la cour des comptes, instituée alors gardienne des intérêts de ce domaine, en pareille circonstance.

C'est ainsi qu'une *commission* fut donnée, par ordonnance du roi du 31 août 1762, à la chambre des comptes, de faire *les évaluations des biens échangés en présence du procureur général du roi;* à l'effet *de quoi* toute cour et juridiction lui fut attribuée.

Les commissaires étaient, en conséquence, autorisés à prendre tous *renseignemens* nécessaires.

Durant le cours de leurs opérations, ils envoyèrent M. Cassini, l'un d'eux, pour procéder à la visite et reconnaissance desdites forêts. Lorsqu'il se livra à cette opération, de 1766 à 1768, il appela devant lui les syndics des communes pour lui donner ces renseignemens; ceux-ci firent des déclarations, mais on les a rapportées très inexactement; ainsi, on fait dire seulement aux syndics lors de leur comparution : « qu'ils ont été réduits à une vache » pour chaque maison, en conséquence de l'ordonnance du grand maître de » 1754. »

Les syndics ont, au contraire, protesté contre cette ordonnance, et la commune de Pressagny-l'Orgueilleux notamment a fait sa déclaration en ces termes :

« A M. le commissaire député par Sa Majesté à Vernon, *pour l'évaluation,* » entre autres choses, des forêts de Vernon et d'Andely, supplient humblement » les habitans de la paroisse de Pressagny, disant que *depuis un temps immémo-* » *rial,* ils ont joui du droit de mener paître dans la forêt de Vernon, *deux vaches* » *par feu;* et en outre, celui de ramasser le *bois mort, couper des épines, genets,* » *brières et cueillir des herbes....*

» A la charge de payer au domaine un boisseau de bled par chaque charrue » et autres redevances portées au terrier et cueilloir du domaine, de l'année 1587.

Puis, la commune invoque les titres dont nous avons parlé, de plus les lettres patentes de Charles VI de l'année 1412, et continue ainsi :

« Quoique leurs dits droits soient bien constans, ils auraient appris cepen- » dant que, par ordonnance de M. Pequet, lors grand maître en 1754, *le droit* » *de pâture* pour les deux vaches, aurait été réduit à une seulement; pourquoi ils » auraient fait *toutes réserves* lors de leur susdite comparution devant vous » (celle du 10 septembre 1766, dont celle-ci n'était que la suite), de *se pourvoir* » pour raison du droit, que nonobstant cette réduction, *ils n'auraient pas laissé* » *d'user toujours* de ce droit pour lequel il leur aurait été marqué annuellement » par MM. les officiers de la maîtrise et sans inquiétude de leur part, des can-

» tions pour ladite pâture, suivant leurs décisions, *dont les expéditions sont
» jointes.* »

Ce considéré, les habitans usagers demandent que, sans s'arrêter à cette ordonnance, il soit ordonné *qu'ils jouiront* de tous leurs droits *ci-dessus détaillés.*

Ainsi les communes n'ont pas cessé d'user, comme on le voit, non seulement de leur droit de pâturage, mais encore de celui de faire de l'herbe, du
bois mort et du mort bois.

Les officiers de la maîtrise de Vernon et d'Andely ont aussi comparu devant le commissaire, et sans contredire autrement les déclarations des communes, ils ont dit : « Qu'elles avaient droit de faire pâturer deux vaches *par
» chaque feu* dans la forêt de Vernon ; mais que depuis 1754, ce droit a été *réduit
» provisoirement* par ordonnance du grand maître à une seule vache par chaque
» maison usagère bâtie sur les anciens fondemens avant 1600, *suivant l'arrêt
» du conseil* du 24 juin 1687. »

Pourquoi en principe, et en particulier dans cette affaire, toutes ces restrictions ont-elles été apportées à l'exercice du droit d'usage?

Le procureur général du roi s'est exprimé à cet égard, lors du jugement du
28 août 1776, en ces termes :

« Pour se déterminer, dit-il, sur les différentes réclamations qui ont été
» faites par devant nous, pour le pâturage dans les forêts cédées à M. le comte
» d'Eu, on doit consulter *le dernier état de ces forêts*, c'est à dire la possession
» et jouissance tant des seigneurs des fiefs que des habitans usagers. Au temps
» de l'échange, avant 1754, *il paraît* que le nombre des bestiaux envoyés dans
» la forêt était trop considérable et en avait occasionné *le dépérissement;* la
» conservation des bois intéressant non seulement le propriétaire, mais encore
» l'administration publique, *le grand maître* ENVISAGEANT *la possibilité des forêts*,
» rendit une ordonnance le 16 septembre 1754, pour *réduire le droit de pâtu-
» rage au nombre* de bestiaux qu'elles *pouvaient supporter.*

» Cette ordonnance, à la vérité, *n'est que provisoire;* mais en 1762, *époque du
» contrat d'échange*, elle n'avait opéré aucune amélioration qui pût permettre
» *de faire revivre les anciens droits.*

» Les usagers ne jouissaient plus que conformément à la quotité du droit de
» pâturage conservé par l'ordonnance du grand maître; ainsi *il n'est pas pos-
» sible* de fixer le droit de pâturage sur une autre base, etc. »

Cependant, qui le croirait? « C'est en faisant droit *sur ces conclusions* du procu-
» reur général du roi, que *les commissaires estimateurs ont dit définitives les ordon-
» nances provisoires rendues par le grand maître*, de 1754, 55 et 56, maintenu

» les habitans des paroisses dans le pâturage des forêts de Vernon et d'Andely,
» pour une vache par chaque maison usagère, comprise dans l'état et dénom-
» brement qui en avait été arrêté le 16 décembre 1754; puis ils *supprimèrent* le
» droit de panage. Mais ils ne *parlèrent pas du droit au bois mort et mort-bois.* »

Néanmoins les rentes et redevances furent conservées tout entières au profit des propriétaires :

« Le tout à la charge, pour chaque feu d'habitant, ayant charrue, charrette ou
» harnais, de payer annuellement au domaine la redevance d'un boisseau de
» blé; et par chaque feu des autres habitans, une poule et un pot de vin, dit le
» pot du roi, ce qui implique que le fond du droit restait aussi entier. »

Cela ne se conçoit, comme nous le verrons, que parce que le droit d'usage est considéré comme susceptible de rétablissement, comme il l'est de réduction.

Les avis, arrêté et les ordonnances du grand maître, ont-ils perdu à l'égard des communes leur caractère *provisoire ?* Puis le prétendu jugement de 1776 n'est-il pas dominé par les principes fondamentaux en matière *de possibilité* de l'exercice du droit d'usage dans les forêts, dont l'état est soumis à des variations incessantes; et dans tous les cas, les autorités, d'où émanent ces décisions, n'étaient-elles pas incompétentes pour statuer sur le fond du droit, autrement que d'une manière réglementaire? telles sont les questions que nous aurons à examiner.

Continuons, quant à présent, de constater les faits :

Il n'apparaît pas qu'on ait plus exécuté ce prétendu jugement que l'ordonnance du grand maître; le duc de Penthièvre, dont la mémoire est encore vénérée dans ce pays, succéda au comte d'Eu, dont il était l'unique héritier. Ce système de tracasserie n'entrait pas dans son caractère, et il était trop juste pour attacher un effet définitif à des actes qui n'étaient que passagers.

Nous arrivons ainsi à la troisième période, celle du retour à l'exercice des anciens droits.

TROISIÈME PÉRIODE.

RETOUR AUX ANCIENS DROITS D'USAGE.

Les améliorations qui devaient permettre de faire *revivre les anciens droits d'usage*, selon les paroles de M. le procureur général du roi, se sont accomplies durant cette période; les forêts sont revenues en effet dans un grand état de prospérité, et l'exercice des droits d'usage a reçu un développement analogue. On les a même fait revivre plus complètement, si tant est qu'ils aient subi les restrictions qu'on voulait imposer; ce que les habitans ont nié, comme on l'a vu par le texte de leur déclaration, non contestée, en 1766.

Quoi qu'il en soit, rien n'établit que M. le duc de Penthièvre ait fait exécuter le prétendu jugement des commissaires de la chambre des comptes.

Ce qu'il y a de certain, au contraire, c'est que les communes ont joui de leurs droits lorsque l'État est devenu propriétaire de la forêt en vertu des lois de la révolution. Ainsi, le 21 floréal de l'an v, un arrêté de l'administration centrale du département a restreint aux communes usagères le plein usage de leurs droits, et des arrêtés pris par les autorités locales de Bois-Jérôme, le 9 prairial de la même année, et de Vernonnet le 29 frimaire suivant, un cueilloir ou état de répartition, arrêté entre les communes le 24 brumaire an x, prouvent qu'elles en ont usé et qu'elles ont payé, *par feu*, douze années de redevances échues à cette époque.

Le 8 avril 1806, un arrêté du conseil de préfecture de l'Eure fut pris encore à cet égard, et une décision du directeur général des forêts autorise les communes à jouir, jusqu'à ce qu'il ait été statué sur la production de leur titre; des procès-verbaux de délivrance de pâturage ont en conséquence eu lieu les 4 juin, 9 et 11 juillet, 2 août de la même année.

Est-ce pour une seule vache par ancienne maison bâtie quarante ans avant 1600 que la délivrance a été consentie?

Non, les *états* contenant les noms des habitans des communes qui ont déclaré vouloir jouir de ce droit, constatent que des communes ont été admises à faire pâturer, *deux, trois, quatre* et jusqu'à *neuf* vaches par habitant !

M. Jacques Toutain, en particulier, comme propriétaire de l'ancien fief du Bois-Jérôme, a été admis à faire aussi pâturer *neuf vaches*.

De même, en 1807, les 6, 7, 10 mars, de semblables états de délivrance constatent les mêmes faits, et le 15 juin le garde général fait la délivrance des cantons défensables.

En 1808, les 8 et 15 juin, des états pareils sont dressés par les maires des communes.

En 1809, le receveur impérial du domaine, Dargnies, a adressé aux communes, en exécution d'une lettre du ministre des finances du 23 juin, des arrêtés du conseil de préfecture et de M. le préfet du 24 septembre 1806 et 27 avril 1809, des états de paiement de rentes et redevances que ces communes ont en effet payées; ils sont fondés sur les procès-verbaux de délivrance qui précèdent et sur un certificat de l'inspecteur des forêts qui constate que toutes jouissent de leur droit de pâturage.

Des quittances de 1813 et de 1814 ont aussi été données par le même receveur.

Enfin, en 1815, les 13, 15 et 20 juin, des procès-verbaux de délivrance et de cantonnemens sont encore donnés aux communes, et en particulier à M. Toutain, pour le plein et entier exercice de leurs droits de pâturage; le droit au bois mort, au mort-bois, à l'herbe et à la bruyère, si vivement invoqués, comme nous l'avons vu par les communes en 1766, a continué d'être exercé; il n'était du reste soumis à aucune délivrance, et les procès-verbaux n'ont pas eu à en parler.

C'est donc en cet état de choses que nous arrivons à l'époque où les forêts de Vernon et d'Andely ont été remises, par le gouvernement de la restauration, à la maison royale d'Orléans. Madame la duchesse douairière voulut interdire alors le droit de pâturage.

En conséquence, malgré la délivrance et le cantonnement qui avaient été donnés aux habitans de Vernonnet, le 29 juin 1815, des procès-verbaux furent dressés contre eux, et il intervint le 28 mars 1816 un jugement du tribunal de police correctionnelle d'Evreux qui :

« *Sans rien préjudicier sur les droits d'usage*, et sans s'arrêter à leur fin de non recevoir... vu ce qui résulte des procès-verbaux... déclare les prévenus coupables de dégâts prévus par l'art. 98 du titre ii de la loi sur la police rurale du 6 octobre 1791, et condamne en conséquence en 211 francs d'amende. »

Ce jugement étrange, contradictoire dans ses dispositions, que les circonstances réactionnaires peuvent seules expliquer, n'a reçu aucune exécution, ni à l'égard du trésor en ce qui concerne l'amende prononcée, ni en ce qui touche les droits d'usage.

Ces faits sont constatés par un arrêté de M. le préfet de l'Eure, du 25 mars 1817, rendu sur un avis du directeur général des forêts, ainsi conçu :

« Considérant que les habitans de Vernonnet *ont des droits à exercer* dans
» la forêt de Vernon; qu'ils ont été maintenus dans ces mêmes droits *par arrêté*
» *du conseil de préfecture du 24 septembre* 1806, et que par conséquent l'usage
» qu'ils en ont pu faire, n'est *point une contravention* qui ait pu donner lieu à
» un jugement de police correctionnelle. »

En conséquence, l'amende prononcée n'a pas été perçue.

La commune de Vernonnet justifie de nouveaux procès-verbaux de délivrance donnés en 1822, le 29 octobre; et l'état dressé le 1er du même mois, constate que les usagers ont fait pâturer chacun jusqu'à 2, 3, 4, 5, 6 et 12 vaches!

On était donc bien loin des ordonnances et des règlemens restrictifs du droit des usagers, jusqu'à ne leur permettre que le pâturage d'*une seule* vache!

Les autres communes usagères se sont, pendant ce temps, et toutes depuis, entendues avec l'administration de ces forêts et du domaine privé particulièrement, pour donner aux usagers la faculté de faire en quantité plus considérable de l'herbe et de la litière pour la nourriture de leurs bestiaux.

D'une autre part, le droit notamment au bois mort ou au mort-bois, à la bruyère, n'a pas cessé d'être exercé par les communes, sans être soumis à aucune formalité de délivrance, et il n'en est pas résulté de plaintes de part ni d'autre.

Ainsi se termine, en 1844, cette troisième période, durant laquelle nous avons constaté, comme nous l'avions annoncé, le retour aux anciens droits d'usage; ils n'ont plus en effet subi de restriction, soit dans le nombre des bestiaux, soit quant aux personnes qui pouvaient en user ; ce n'était là du reste que les conséquences légales du meilleur état des forêts ; c'est ainsi que les faits et les principes sont parfaitement d'accord pour justifier ce passé.

A cette époque, de 1844, de nouveaux agens du domaine privé sont venus administrer les forêts de Vernon et d'Andely, et c'est de là que datent aussi les graves difficultés dont nous avons maintenant à nous occuper.

DEUXIÈME PARTIE.

FAITS DU PROCÈS ACTUEL ET EXAMEN DES QUESTIONS QU'IL PRÉSENTE.

Cette seconde partie contiendra, dans un premier paragraphe, l'exposé des faits qui ont donné lieu aux difficultés actuelles et des incidens qui ont motivé les mesures conservatoires que les communes ont dû prendre; dans un second paragraphe, nous examinerons les questions du fond ; et enfin, dans un troisième, nous parlerons de l'autorisation des communes par l'autorité administrative.

§ 1er

Faits et incidens du procès actuel.

Les habitans des communes jouissaient sans conteste de leurs droits d'usage dans les forêts de Vernon et d'Andely ; les modifications qu'on avait admises dans l'exercice de ces droits, en donnant, comme nous l'avons vu, plus d'extension au droit de faire de l'herbe, ont sensiblement amené l'amélioration des forêts ; c'est un fait notoire que l'accroissement considérable du prix des ventes de bois depuis plus de vingt-cinq ans, rend incontestable pour le domaine privé et éclatant à tous les yeux.

C'est lors que les choses sont dans cet état, dont le domaine privé moins que personne n'a certainement à se plaindre, qu'on a cru devoir changer radicalement la position des parties intéressées.

On a d'abord remis aux usagers, dans les formes les plus inoffensives, des *permis* imprimés ainsi conçus :

« Le S^r ..... ou la femme ..... de la commune de ..... sont autorisés à cueillir
» à la main et sans tranchans, *l'herbe et la bruyère...* les lundis, mercredis et
» vendredis seulement, et aussi à ramasser ou casser à la main et sans taillans *le*
» *bois mort*, dans la forêt de Vernon, les *mardis, jeudis et samedis*, dans *les tail-*
» *lis de sept ans.*

» Le présent *permis* accordé à titre de *tolérance, temporaire et révocable*, est
» valable jusqu'au 1er mars 1845.

» Délivré à Vernon, les 29 septembre et 4 octobre 1844.

» L'inspecteur des forêts : E. CORNUAU. »

Ces permis avaient été précédés d'une lettre de M. l'inspecteur adressée à **MM.** les maires des communes, en date du 28 mai, dans laquelle on leur mande, « que *ces tolérances accordées primitivement aux indigens seuls, se sont étendues peu à peu aux personnes aisées, qui n'ont pas craint de prendre la part des malheureux.*

« *Qu'il vient donc prier* M. le maire de vouloir bien *lui adresser* une *liste* sur
» laquelle ne devront figurer *que les gens pauvres qui ont une vache, et à qui l'herbe*
» *et la bruyère* sont de première nécessité pour subvenir à sa nourriture ; qu'il est
» dans l'intérêt des indigens que rien ne *retarde* la *délivrance de ces cartes* !! »

Est-ce bien dans *l'intérêt* des malheureux, vraiment, qu'on veut bien convertir des droits acquis en de simples *tolérances temporaires* et révocables? et dire que les personnes aisées *prennent la part des malheureux* !

Cette part est sacrée, sans doute, mais M. l'inspecteur doit savoir, en conscience, qu'il y a place pour tout le monde dans les immenses forêts de Vernon et d'Andely ; il sait aussi que le peu d'aisance qu'il y a dans les communes usagères, leur vient surtout des améliorations agricoles que l'usage de l'herbe et de la litière pour les bestiaux leur permet de faire, au moyen des engrais.

Constatons dès à présent, toutefois, que le fait de cueillir *de l'herbe, de la bruyère pour la nourriture et la litière des vaches et de prendre du bois mort pour le chauffage* est constant, reconnu ; qu'il ne s'agit plus que de savoir à cet égard :

I. — Si ce sont là *des droits acquis* ou de *simples tolérances* temporaires et révocables ?

II. — *Si primitivement* ces droits n'appartenaient qu'aux indigens, comme le **dit**

M. l'inspecteur ; ou si ce ne sont pas des droits qui appartiennent à tous ou à la commune qui les représente?

III. — Si ce sont les gens aisés qui ont voulu priver *peu à peu* les pauvres de leurs droits ?

Sur cette dernière question, il suffira, quant à présent, de renvoyer aux faits de la *seconde période* que nous avons exposés ; on y voit de quelle part et comment on a voulu amoindrir *peu à peu* les droits des communes ; et quant à leurs *droits primitifs*, on peut voir ce qu'ils étaient durant la *première période*.

Sur la première question, les usagers n'auraient pas tardé à apprendre, s'ils l'avaient ignorée, la différence qu'il y a entre de simples tolérances et un droit ; en effet, c'est au mois de septembre qu'on leur a délivré des *permis*, et aussitôt, en septembre, novembre, etc., de nombreux procès ont éclaté contre les usagers, et ils se continuent en 1845.

C'est alors que les communes se sont émues, que leurs conseils municipaux se sont assemblés, pour délibérer sur la gravité de cette situation et *se défendre*.

Leurs délibérations sont de la session de février 1845, et toutes, excepté celle du conseil municipal de Vernon, dont nous expliquerons bientôt la position exceptionnelle, toutes, disons-nous, ont été unanimes dans leurs résolutions ; voici, par exemple, comment le conseil municipal de la commune de Notre-Dame-de-l'Isle, qui a conservé le mieux l'antique tradition de son droit, exprime tout à la fois le sentiment qu'elle a de ce droit, la gravité des atteintes qui y sont portées, et ce que commande de faire la position actuelle.

Voici cette délibération :

« Vu les titres établissant les droits d'usage de la commune et de plusieurs
» autres dans la forêt de Vernon, lesquels constatent que ces droits consistent à
» envoyer *pâturer les bestiaux, à prendre du bois sec et vert gisant tels que sauls,*
» *marsault, aulnes, genets, genièvres, épines, etc.*, lesquels titres se composent
» entre autres : 1° d'un titre en parchemin du règne de Charles VI, de 1409 ;
» 2° d'un cueilloir dressé conformément à un arrêté pris par les communes usa
» gères réunies à Vernonnet, le 24 brumaire an x.

» (Il a aussi existé dans les archives de la mairie, *un titre primitif qui a été re*
» *mis en 1815 à M. Trumeau, inspecteur* alors à Vernon, sur sa demande, afin de
» faire revivre les droits qui avaient suivi différentes formes sous les gouverne
» mens qui se sont succédé.)

» Vu enfin les *permis* ou *cartes....* remises au mois de septembre dernier... et
» *les procès qui ont été faits aux usagers ;*

» Considérant qu'il résulte des titres ci-dessus visés, que la commune a des

» droits acquis aux usages sus énoncés ; que ces droits ont été constamment re-
» connus jusqu'à ces derniers temps, et que les usagers en ont constamment eu
» la possession et jouissance ;

» Considérant que le trouble apporté à ces droits peut leur porter une atteinte
» grave et même en compromettre l'existence ;

» Qu'il est donc urgent de pourvoir à leur conservation, et que l'administration
» des communes ne peut garder plus long-temps le silence. »

Le conseil arrête :

1° Que M. le maire recueillera les titres constatant les droits de la commune.

2° Qu'un exposé de ces titres sera *présenté officieusement* à l'administration du domaine privé, afin d'obtenir *la reconnaissance amiable* des droits d'usage.

3° Que sinon cet exposé ou *mémoire* sera soumis au conseil de préfecture au-
près duquel les maires se pourvoiraient en autorisation, afin de défendre aux
poursuites dirigées contre les usagers et de faire maintenir le droit des communes.

Que cependant, vu l'urgence, les maires feraient *tous actes conservatoires*, conformément à l'art. 55 de la loi du 18 juillet 1837.

Malgré tout le désir et le juste espoir que les communes usagères ont conservé
d'obtenir une reconnaissance amiable de leurs droits, elles se sont trouvées dans
la nécessité d'engager une action judiciaire contre le domaine privé ; mais c'est une
mesure purement conservatrice de leurs droits ; elle a eu pour objet de fixer désormais la position respective des parties, sans rien changer aux dispositions
conciliatrices des communes ; et de dignes magistrats municipaux se proposent
toujours de les soumettre à l'administration supérieure du domaine privé.

La demande introductive d'instance est du 9 juin 1845 ; elle n'est, du reste,
que la réponse aux nombreuses poursuites dirigées par le domaine privé, contre
les usagers devant les tribunaux, soit de police simple, soit de police correctionnelle, et la conséquence des difficultés nombreuses que déjà on a semées sur les
premiers pas des communes pour empêcher ou retarder la remise de leurs titres.

Elles demandent par le même acte, qu'il soit sursis à statuer, soit sur les
procès criminels qui sont faits journellement aux usagers jusqu'à ce qu'il ait été
prononcé sur leur action civile, conformément à l'art. 182 du Code forestier ; et
sur cette action elle-même, jusqu'à l'obtention de l'autorisation administrative
qu'elles sollicitent.

L'action principale est formée, devant le tribunal civil des Andelys, dans le
ressort duquel se trouve la presque totalité des forêts, à la requête des maires
des communes et conformément aux délibérations des conseils municipaux, excepté pour Vernonnet, dont nous devons expliquer la position particulière.

Vernonnet ne forme plus maintenant qu'une section de commune, par suite de sa réunion à la ville de Vernon ; ses titres se sont ainsi trouvés transportés de ses archives et confondus dans celles de cette ville.

C'est là aussi que devaient se trouver tous les documens de l'ancienne maîtrise de Vernon ; le titre de 1407, dont nous avons parlé, constate même que l'échiquier de Rouen y renvoyait les affaires de cette nature, *aux jours* où ses lieutenans tenaient leurs audiences *à Vernon* (V. la note p. 5). L'antique tour de cette ville doit en contenir les archives.

C'est de là, cependant, que sont venues les plus vives résistances, soit à l'occasion de ces titres, soit contre les dispositions favorables du conseil municipal de la ville, qui avait d'abord admis, comme les autres conseils, la demande des usagers. Ces résistances ont révélé toutefois les objections que l'on fait contre les droits des communes, quelque soin qu'on ait pris de les cacher, et c'est à ce point de vue que nous devons en parler, puisque nous avons à les réfuter.

Une première délibération de ce conseil, prise le 9 février 1845, *déclare prendre en considération* la pétition des habitans de Vernonnet ; nomme une commission pour faire *l'examen des titres*, et en outre *invite M. le maire à faire, en cas d'urgence, tous actes conservatoires dans l'intérêt des réclamans.*

La remise ou une expédition des titres était donc nécessaire aux usagers pour qu'ils les adressassent avec leurs observations à la commission.

Mais un acte extrà-judiciaire du 8 mars constate que M. le maire n'a consenti à leur communiquer que la délibération, et a refusé soit les titres, soit des expéditions. — Par le même acte, les usagers, : « Considérant que M. le maire remplit dans l'adminis tration du domaine privé, les fonctions de receveur et de ré- » gisseur, qu'il y a dès-lors incompatibilité et empêchement légal pour lui, entre » ces fonctions et l'exercice de celles de maire, dans les affaires qui intéressent la » commune contre ce domaine, » ils se sont adressés, mais inutilement encore, à l'un de MM. les adjoints, lequel a répondu, *qu'il ne pouvait, de son chef,* obtempérer *à la sommation, M. le maire étant dans l'exercice de ses fonctions.*

La commission, présidée aussi par M. le maire, a donc délibéré, sans qu'il ait été permis aux usagers ni de produire leurs pièces, ni de lui présenter aucune observation.

Autre incident plus grave encore : la session de février étant expirée, le conseil ne pouvait plus délibérer sans une autorisation de M. le préfet, et voici ce qui est advenu. Une nouvelle délibération, en date du 16 du même mois, constate : que, sur l'envoi des pièces par M. le maire et l'examen qu'il en a fait, M. le préfet autorise la réunion du conseil, mais seulement pour *prendre commu-*

nication de sa lettre, et *renvoyer* les habitans de Vernonnet *à se pourvoir individuellement.*

Pourquoi n'autoriser la réunion du conseil que pour *renvoyer* les usagers, c'est
à dire repousser leur demande qui tendait à l'intervention de la commune ? Ce
conseil n'était donc pas autorisé à se réunir pour l'admettre, s'il la croyait juste ?
Délibérer suppose cependant le pouvoir d'admettre comme celui de rejeter, autrement il n'y a pas délibération.

Dans cette position toute anormale faite au conseil, il s'est engagé entre M. le
maire et ce conseil des débats fort graves, au milieu desquels, selon le procès-verbal, M. le maire a, *contre toute attente*, levé la séance ! Mais pourquoi du moins
renvoie-t-on les habitans de Vernonnet à se pourvoir individuellement ?

Rien ne l'indique dans la délibération, sinon que dans ses lettres, en date des
12 et 14 mars, contenant l'espèce d'autorisation dont nous venons de parler,
M. le préfet *s'attache à faire ressortir que le conseil ne peut intervenir* et doit
renvoyer l'affaire ; du reste, la délibération ne contient aucun autre motif, elle se
réfère tout naturellement à cet égard aux lettres d'autorisation elles-mêmes.

Nécessité donc pour les habitans de voir ces lettres, sans lesquelles d'ailleurs
la délibération qu'on leur oppose ne serait pas valablement prise.

Refus de M. le préfet lui-même, cette fois, par une lettre qu'il a répondue à
l'honorable M. Roycourt, adjoint de la ville, et conçue en ces termes : *Il est de
principe que les lettres émanant de l'autorité supérieure à l'autorité locale, ne
doivent pas être communiquées.*

Ce principe, en matière d'*autorisation* de conseil municipal, est vraiment nouveau. C'est la première fois en effet que des habitans d'une commune ne peuvent
savoir, si leur conseil a valablement ou non décidé des choses qui les intéressent
le plus, ni comment il y a été autorisé. Les lettres d'autorisation sont ainsi restées *lettres closes.*

Mais passons sur toutes ces difficultés pour voir le fond des choses, car il est
grave : c'est devant M. le préfet lui-même, président du conseil de préfecture, que
se décidera l'importante question de savoir : *si les habitans des communes agiront
dans l'instance actuelle par l'organe de leurs officiers municipaux, ou s'ils seront renvoyés à se pourvoir chacun individuellement.*

Si, comme cela est évident, M. le préfet a pensé dans ses lettres *qu'on doit les
renvoyer*, c'est, il faut le dire, un préjugé dont les communes ont d'autant plus
besoin de connaître les motifs, quelles auraient pu essayer de le dissuader sur ce
point, que nous devons examiner en terminant.

Quoi qu'il en soit, les habitans de Vernonnet ont enfin pu obtenir de M. Roycourt, adjoint, une copie régulière des pièces qui se sont trouvées à la mairie de

Vernon; et trois d'entre eux, agissant comme contribuables, dans l'intérêt de tous, se sont réunis aux maires des autres communes pour demander le maintien de leurs droits *d'usage* : ce sont MM. Garnier dit *Louis XV*, Brault et Chauvet fils, propriétaires.

La position exceptionnelle de l'ancienne commune de Vernonnet, se conçoit donc parfaitement dans de telles circonstances, et on ne peut en inférer aucune induction qui lui soit défavorable.

Toutefois, le système invoqué pour le domaine privé contre les communes, est sorti des débats qui se sont successivement agités devant le conseil municipal de Vernon d'abord , puis devant la commission de ce conseil, dont le rapport était fait selon la déclaration de M. le maire, consignée au procès-verbal du 16 mars, pour *éclairer les* communes *sur leur droit* (bien qu'on n'ait pas voulu non plus le leur communiquer, manière toute nouvelle encore de les éclairer) ; et enfin, des débats que les lettres de M. le préfet ont soulevés dans le conseil; ce système consiste à dire, que l'arrêté du conseil de 1687, et les ordonnances du grand-maître de 1754, 55, 56, dont les dispositions ont été maintenues en 1776, ont réduit tous les droits d'usage au seul droit, pour les anciennes maisons existant 40 ans avant 1600, de faire paître une *seule* vache ; tous les autres droits d'usage, dont les communes ont constamment joui depuis ce temps, ne seraient, selon les partisans du domaine privé, que *de simples tolérances* temporaires et révocables. Celui de pâturage même ne serait plus un *droit communal*, mais seulement individuel, qui ne serait rien pour les communes.

Pour répondre à ce système, nous établirons d'abord le droit des communes au maintien de leurs usages, et ensuite nous réfuterons les objections qui sont présentées , par la démonstration des trois propositions suivantes :

« I. — Que les avis, arrêtés et ordonnances que l'on oppose aux communes,
» étaient subordonnés à l'état, à la possibilité des forêts, et étaient ainsi pure-
» ment réglementaires et provisoires.

» II. — Que, conséquemment à ce principe, les mesures restrictives de l'exer-
» cice des droits des communes, ont cessé , comme elles le devaient, lorsque les
» forêts sont revenues en meilleur état.

» III. — Enfin, que si on ne devait pas considérer ces avis, arrêtés et ordon-
» nances comme purement réglementaires, on devrait encore les écarter comme
» incompétemment rendus et impuissans pour porter atteinte au fond du droit
» des communes. »

Nous espérons que la démonstration de ces propositions sera complète, et, s'il en est ainsi, on nous rendra du moins cette justice, que nous n'avons ni dissimulé les objections, ni reculé devant leur réponse.

§ II

Droit des communes au maintien de leurs usages. — Réfutation des objections.

Les droits des communes sont fondés, comme nous l'avons vu dans la première partie de ce travail, sur les mandemens royaux, les sentences des grands maîtres et de la Table de marbre, et sur une *si longue possession* qu'en 1409 il n'y avait pas de *mémoire du contraire,* ou, en d'autres termes, sur la possession immémoriale.

Nous avons vu aussi que ces droits ont tous été constitués à titre onéreux, et que les rentes et redevances ont été payées avec d'autant plus de régularité qu'elles furent généralement perçues, soit par des fermiers généraux, soit par les receveurs des domaines, qui ne gardaient, comme on sait, aucun ménagement.

L'étendue des droits d'usage est, en général, suffisamment indiquée par les titres que nous avons vus ; il importe seulement de déterminer ce qu'on doit entendre par droit au *bois mort et au mort-bois?*

La Charte normande de 1315, l'ordonnance de François Ier, du 4 octobre 1533, et enfin l'ordonnance de 1669, titre 23, art. 5, répondent à cette question.

Ce droit comprend, entre autres choses, les *genets*, *genièvre* et la bruyère, plantes ligneuses assez répandues dans la contrée; cette dernière n'est pas nommément indiquée dans la Charte normande ni dans le titre; mais l'un et l'autre sont conçus en termes seulement énonciatifs et non limitatifs : la bruyère est, en effet, une plante ligneuse comme les *genets*, le *genièvre* énoncés dans la Charte normande et les ordonnances; d'ailleurs le titre de 1409, après avoir énuméré différentes espèces de mort-bois, ajoute : et *tout autre* mort-bois. L'exécution que le titre a reçue, durant des siècles, en est d'ailleurs la meilleure interprétation; *optima interpres consuetudo* (1).

Il y a plus, la possession immémoriale étant elle-même un titre, elle suffit pour constituer le droit en dehors de l'acte; ce n'est pas alors prouver *contre* le titre, mais *au delà* du titre ; et comme l'ont parfaitement établi les auteurs et la jurisprudence, la preuve de cette possession n'est nullement *prohibée* (2).

La possession immémoriale est si bien un titre par elle-même que l'ordonnance de 1376 ordonnait de *s'enquérir de la possession des usagers et manière d'user* du droit ou coutume de prendre du bois pour ardoir (brûler) et pour leurs *autres usages*; de même pour le pâturage ou pour *telle autre chose semblable*; l'art. 26 d'une ordonnance du mois de septembre de la même année, l'art. 23 de celle du

(1) Loi 37 ff. de legibus, lib 1, t. 5.

(2) Voy. Dunod, de la Prescription des servitudes, p. 298, et arrêts, de la cour de Pau, du 23 avril 1822, et de la cour de cassation, du 9 novembre 1826.

mois de mars 1388, et l'art. 29 de celle de septembre 1402, consacrent le même principe. (Voy. aussi Proudhon, t. 1, n° 103.)

Or, ce principe ne s'applique pas seulement au droit à la bruyère dans l'espèce, mais encore à celui de faire de l'herbe, dont les communes ont toujours usé en même temps que du pâturage; c'est ce qu'on entend par ces mots : et *autres choses semblables.*

Nous l'avons dit, plus tard cette possession immémoriale du droit à la bruyère et à l'herbe s'est continuée à travers les siècles, jusqu'à nos jours, ainsi qu'il apparaît des déclarations faites par les communes en 1766 ; déclarations non contredites, nous l'avons vu, par les officiers de la maîtrise lors des comparutions contradictoires qui ont eu lieu à cette époque ; elles énoncent le droit de faire *de la bruyère, de l'herbe,* etc.

Enfin, les *permis* délivrés par l'administration du domaine privé contiennent, comme on le sait, les mêmes énonciations, en ce qui concerne la *bruyère* et *l'herbe.*

Les faits de jouissance sont donc constans; il ne reste plus qu'à en déterminer le principe : sont-ils l'exercice d'un droit légitime, ou sont-ils de simples tolérances temporaires ou révocables? Telle est la prétention toute nouvelle, comme nous l'avons vu, que vient de soulever le domaine privé en invoquant les avis, arrêté de 1687, les avis et ordonnances des grands maîtres de 1754, 55 et 56, dont les dispositions ont été maintenues en 1776.

C'est ici que se place notre triple réponse à ce système.

Réponse aux objections.

I. — Nous disons d'abord que les avis et les ordonnances des grands maîtres, l'arrêté du conseil d'Etat rendu en conséquence, et les autres actes qui les maintiennent, étaient essentiellement réglémentaires et subordonnés dans leur application à l'état et à la possibilité de l'exercice des droits d'usage ; que cet exercice a pu être étendu ou restreint, selon le bon ou mauvais état des forêts, sans que par cela le fond du droit, soit du propriétaire, soit des usagers, en ait été altéré.

Le texte des lois et ordonnances, les documens et les écrits des jurisconsultes abondent pour établir cette vérité, basée elle-même sur la force des choses. Ainsi, nous l'avons déjà vu, les ordonnances rendues antérieurement aux titres des communes, de 1376 à 1515, déclarent que l'*on doit pourvoir aux besoins des usagers, selon la possibilité des forêts,* et les titres eux-mêmes que : *les habitans et coustumiers joyront pour le tems advenir selon que ladicte forest le* POURRA PORTER *et soutenir* sans abus ni excès.

Les ordonnances postérieures ne sont pas moins explicites. Celle de 1583 exprime en termes formels tout à la fois les principes et les conséquences qu'on doit en tirer, sur notre question même :

« Voulons qu'il soit informé, dit-elle, *par les grands maîtres*, leurs lieutenans et maîtres particuliers, *de la possibilité ou de l'impossibilité* de nos forêts, et *suivant icelles* les usagers *restreints* et *réglés* (1) (art. 10).

L'ordonnance de 1669 n'a fait que confirmer cet état de choses. Dans son art. 5, tit. 19, la loi nouvelle n'a pas même changé les expressions ; c'est toujours *suivant l'état et la possibilité* des forêts que le droit d'usage doit être réglé. (Art. 65 et 119 du Code forestier.)

Telle est la position et le droit des usagers ; il est soumis dans son exercice à des variations inhérentes au bon ou mauvais état des bois ; le contrat est en quelque sorte aléatoire à ce point de vue.

Le droit du propriétaire à la rente et aux redevances, prix représentatif de la concession, n'en reste pas moins et n'est pas moins resté invariable dans l'espèce ; car les droits d'usages ayant été constitués à titre onéreux, et comme tels maintenus par l'art. 1ᵉʳ du tit. 19 de l'ordonnance de 1669, les rentes et redevances ont continué d'être payées, même après la réduction opérée par l'arrêté de 1687, ainsi que nous l'avons vu, par le bail fait au fermier général le 4 décembre 1681 ; et après les restrictions nouvelles opérées en 1754, 55 et 56, les usagers ne les ont pas moins payées intégralement encore.

Pourquoi cela ? C'est que les droits d'usage concédés continuent de subsister, malgré les restrictions éventuelles qu'ils subissent, et que le droit étant susceptible de reprendre son extension originaire, dès que les causes restrictives auront cessé, on conçoit que le droit du concédant reste invariable, puisque le contrat originaire continue de subsister ; or, s'il continue en faveur du propriétaire, il en est de même apparemment en faveur des concessionnaires, tels que nos communes usagères.

Ce ne sont là, du reste, pour l'un et pour l'autre, que les conséquences du droit commun : car le propriétaire est seulement tenu de *souffrir* l'exercice de la servitude dans la mesure de ce qui *est possible*, sans altérer la substance de son droit ; et l'usager doit régler les avantages et les désavantages du sien en conséquence aussi de ce qui est possible, si ce droit est susceptible de restriction ou d'extension, selon l'état de la chose qui y est soumise. *Non ultrà posse, quam quatenùs ad eum ipsum fundum opus sit*, disait la loi romaine (1).

---

(1) Voy. ordonnances du Louvre, liv. II, titre 15, parag. 209. — (2) L. 5, § 1. in fine, ff, de serv. rust. præd., liv. 8, t. 3.

Ces principes, appliqués à l'usage des forêts, soumettent donc l'exercice du droit à de plus ou moins grandes modifications.

C'est ainsi que l'arrêté de 1687 restreint l'exercice du droit de pâturage à deux vaches, et seulement pour les usagers habitant les anciennes maisons existant 40 ans avant 1600; droit dont l'usage a encore été restreint au pâturage d'une seule vache en 1754 et 1776.

Ce ne sont là évidemment que différens modes d'exercice du droit, dépendant *de l'impossibilité* plus ou moins grande d'en user, selon les temps, l'instabilité du personnel des usagers et de choses essentiellement variables.

Peu importe du reste, que la restriction ait porté sur les nouveaux plutôt que sur les anciens propriétaires de la commune; la différence dans le mode de l'opérer, n'en change pas la nature ni les caractères; en préférant les anciens, on n'écartait pas seulement les nouveaux venus, mais encore ceux qui auraient eu la pensée de venir s'établir dans la commune.

D'ailleurs comment expliquer autrement cette restriction du droit aux anciennes maisons? Aurait-on voulu faire une application de l'art. 10 du titre 20 de l'ordonnance de 1669, qui supprime le droit au bois à bâtir, dont la possession n'aurait pas existé avant 1560, année qui correspond à 40 ans avant 1600?

Mais il n'y avait aucune analogie entre ces deux droits, ni aucune disposition semblable pour le droit au bois mort et au mort-bois. On n'aurait pu restreindre le droit définitivement aux anciennes maisons que pour le bois à bâtir.

Toutes ces modifications n'étaient donc qu'un mode de restriction et d'exercice purement réglementaire, variable et temporaire du droit.

C'est ainsi que le grand-maître lui-même et le procureur général du roi près la chambre des comptes, ont qualifié de *provisoires* les ordonnances de 1754, 1755 et 1756.

Et si on *n'a pu depuis faire revivre les anciens droits*, disait le procureur général, c'est qu'*aucune amélioration* n'avait encore pu s'opérer, en 1762, au moment de l'échange avec le comte d'Eu.

Cette judicieuse et impartiale appréciation des faits, des droits respectifs des communes et de M. le comte d'Eu, mérite au plus haut point de fixer l'attention des hommes consciencieux et éclairés; tout y est énoncé avec une exactitude parfaite : « *On doit*, dit-il, consulter le *dernier état de la forêt* pour se décider. » Or, avant 1754, cet état était tel, à ce qu'il paraît, qu'il y *avait dépérissement* à cause du nombre des bestiaux, et on a dû le réduire; mais les droits des communes avaient-ils péri pour cela? Non, car on les eût *fait revivre* en 1762, si l'état de la forêt eût été meilleur qu'auparavant; mais il ne *s'était pas amé-*

lioré. Il ne s'était écoulé, en effet, que huit années depuis **1754**, et une forêt ne s'améliore pas aussi promptement.

Rien n'est plus clair, plus vrai, ne s'applique mieux à l'arrêté de **1687** et aux ordonnances de **1754**, 55 et 56; nous n'avons fait que les interpréter en ce sens.

La démonstration de notre première proposition, à savoir : que les avis, arrêtés, ordonnances, étaient purement réglementaires et provisoires, est donc complète. Nous verrons plus loin comment on doit, à cet égard, considérer la décision de la chambre des comptes, de **1776**.

II. — Passons à notre *seconde proposition*, conçue ainsi : « Les mesures res- » trictives dont nous venons de parler, ont cessé d'avoir leur effet depuis que » les forêts sont dans un meilleur état. »

Nous avons vu, dans la narration des faits qui ont terminé la seconde période, que le duc de Penthièvre, devenu propriétaire des forêts de Vernon et d'Andely, par suite de l'échange de 1762, n'avait aucunement attaché un caractère définitif à la restriction des droits d'usage ; que cela n'apparaissait du moins d'aucun acte d'exécution.

Nous avons vu aussi que ce n'est pas non plus durant la révolution et pendant tout le temps que les forêts dont il s'agit ont fait partie du domaine public, que ces restrictions auraient exercé leur empire autrement que dans la mesure de la possibilité ou de l'impossibilité d'exercer les droits originaires. L'art. 9, titre VI, de la loi des 15-29 septembre 1791, se borne à prescrire aux conservateurs des forêts de publier, dans les communes usagères, la déclaration de défensabilité des bois qui font ou *feront partie* du domaine national; l'arrêté du directoire du 6 vendémiaire an VI et la loi du **28** ventôse an XI, ont eu pour objet de faire connaître administrativement celles des communes qui avaient réellement des droits d'usage, de remettre en vigueur l'ordonnance de 1669 : ils ne prescrivent d'autres règles pour la déclaration de défensabilité : que les bois soient *assez forts et élevés* pour se *défendre de la dent* des bestiaux, sans *avoir égard à leur plus ou moins d'âge* (art. 5) ; c'est ce qui a eu lieu pour les forêts dont il s'agit : et l'aménagement des coupes de bois a lui-même été changé.

L'administration centrale de l'Eure avait pris, le **21** floréal an V, un arrêté pareil à celui du directoire du 6 vendémiaire suivant, et les communes ont produit à la préfecture, en l'an XI, des titres constatant leurs droits ; mais ces titres ne s'y trouvent plus ; il est constant néanmoins que ces communes ont continué de jouir de leurs usages ; une lettre de M. le préfet de l'Eure, du **25** juin 1806, écrite en exécution d'une décision du ministre des finances, rendue en faveur des communes *qui ont déposé* leurs titres, le leur dit positivement.

C'est durant cette période, dont nous avons exposé les actes et les faits, que les forêts d'Andely et de Vernon étant devenues meilleures, les droits anciens ont repris leur empire, et n'ont pas cessé d'être exercés depuis, avec les modifications et les transformations que nous avons déjà retracées.

On a vu, en effet, par les états de délivrance du droit de pâturage, que les usagers n'ont pas été restreints à *une seule vache* pour les anciennes maisons usagères, mais que, pendant une longue suite d'années, tant qu'a duré la *troisième période*, le nombre de vaches est allé, pour chaque habitant, jusqu'à deux, *trois, quatre* et *neuf vaches!...* et que les usagers ont également joui des autres droits d'usage.

En conséquence de cet état de choses aussi, les usagers ont payé intégralement les rentes et redevances aux agens des domaines ; c'est en effet ce que prouve un arrêté de la préfecture de l'Eure, du 27 avril 1809, qui fixe, d'après les mercuriales, la valeur en argent des redevances en blé, en volaille ou en vin, et les quittances des receveurs. Ces quittances expriment fort bien que c'est par *chaque feu* d'habitant et comme disent les titres anciens : *au feu le feu*, que les communes paient, parce que tous avaient également droit à ces usages et les ont exercés réellement.

Le jugement du 28 mars 1816, rendu contre certains habitans de Vernonnet, n'est pas un trouble apporté à cette jouissance, d'abord parce que la commune n'était pas en cause, et ensuite parce que ce jugement déclare, aussi formellement que possible, qu'il est rendu *sans préjudicier aux droits d'usage*. Il n'a reçu du reste aucune exécution, par cette raison que donne l'arrêté de M. le préfet, rendu à cette occasion, c'est que les habitans de Vernonnet n'avaient fait qu'*user d'un droit ;* et ils ont si bien continué d'en user, qu'en 1822 ils ont fait pâturer, comme on l'a vu, jusqu'à *cinq, six* et *douze* vaches par habitant !

C'est durant cette troisième période qu'une extension plus grande a été donnée au droit de faire de la bruyère et de l'herbe. Cette extension a remplacé dans plusieurs communes le pâturage ; c'est là une modification dans le mode d'exercice du droit qui n'en prouve pas moins l'existence ; elle a si bien été entendue avec l'administration du domaine privé, que celle-ci l'a insérée dans les cartes qu'elle a délivrées, et ces cartes ne font que constater, en *fait*, un état de chose préexistant.

C'est d'ailleurs un point constant que les forêts doivent leur grande amélioration à ce nouveau mode de jouissance.

Or, il n'est pas moins incontestable que cette herbe n'a pas seulement été approfitée par les habitans des communes ayant une *seule vache*, et qui sont propriétaires des maisons dont les anciennes fondations remontent à quarante ans avant 1600 ; mais par tous les habitans indistinctement ; les cartes ont d'ailleurs aussi été délivrées sans distinction aucune, la seule *nouveauté* importante qu'elles contiennent, c'est que toutes ces choses, dont on a toujours usé comme d'un droit, seraient devenues en 1844 une simple *tolérance* temporaire et révocable !

Or cette prétention n'est pas soutenable en présence d'actes publics et privés, de procès-verbaux de délivrance, de faits aussi notoires et aussi prolongés que ceux qui viennent de nous apparaître ; dans ces circonstances les premiers élémens du droit et le bon sens ne permettent pas de qualifier de simples *tolérances*, des faits résultant d'actes de cette nature.

En effet, trois circonstances exclusives de toute tolérance se rencontrent ici : les titres, les actes administratifs ou privés intervenus avec le propriétaire durant la troisième période, et l'importance des droits dont il s'agit pour les communes. Il est rare, dit Proudhon, « que les émolumens perçus par l'usager soient » d'une valeur assez peu considérable pour que la *cause* de la perception qui en » a été faite *ne doive être* attribuée qu'à *la tolérance.* » (T. Ier, n° 264).

Et comme le dit le même auteur pour le droit au *bois mort* et au *mort-bois :* « on peut bien *tolérer un seul usager*, mais *l'approvisionnement d'une commune* » *entière* est toujours une chose grave.... on ne doit pas présumer qu'elle l'ait » exercé pour cause de *pure tolérance.* » (*Ibid*, n° 311).

On a objecté encore que l'aménagement des coupes ayant changé, les usagers ne pouvaient plus exercer des droits dont ils ne pouvaient user que dans des coupes de quinze années au moins ?

Mais la loi de 1791 ne pose d'autre règle de défensabilité des forêts, sinon que les bois soient assez forts pour se défendre de la dent des bestiaux, et d'ailleurs, s'il y a question à cet égard, c'est bien plutôt celle de savoir si le propriétaire *a le droit de changer l'ancien mode d'exploitation de la forêt ?* Cette question est résolue négativement par Proudhon (t. Ier, n° 153) ; mais laissons ces arguties des agens inférieurs du domaine privé, et disons que si l'administration supérieure connaissait les améliorations qui se sont opérées dans ses forêts par suite de ces aménagemens nouveaux et des modifications apportées dans le mode d'exercice des droits d'usage, elle n'hésiterait pas à reconnaître un état de choses qui est à la fois dans son intérêt et dans celui des usagers, car depuis qu'ils nourrissent chez eux leur bétail, ils ont par les engrais amélioré eux-mêmes leur agriculture.

Concluons donc, sur notre seconde proposition, non seulement que les actes, les documens nombreux intervenus et l'importance du droit exercé durant cette troisième période, rendent absolument inadmissible le système des *tolérances temporaires et révocables*, inauguré depuis moins d'un an et jour, mais encore que les mesures restrictives de l'exercice du droit d'usage des communes, prises en 1687, 1754 et 1776, pour amoindrir l'exercice des droits d'usage, étaient subordonnées au mauvais état des forêts, et qu'elles ont complètement cessé depuis que cet état est devenu meilleur ; c'est l'application de cet axiome : *cessante causa cessat effectus.*

III. — Nous arrivons ainsi à la démonstration de notre troisième proposition, qui consiste à établir « que si on ne devait pas considérer les avis et ordon-
» nances des grands maîtres et l'arrêté du Conseil, opposés aux communes,
» comme des décisions purement réglementaires dont l'effet doit cesser et
» a réellement cessé lorsque l'état des forêts est devenu meilleur ; on devrait
» encore les écarter, comme incompétemment rendus et n'ayant pu porter
» atteinte au fond du droit de ces communes. »

L'ancienne législation a, comme la nouvelle, établi une distinction profonde entre le pouvoir réglementaire du droit d'usage, et le pouvoir de décider sur le fond du droit.

Dans l'origine ces pouvoirs étaient confondus dans la main des grands maîtres ; c'est ainsi que nous avons vu ceux de Normandie, rendre sur mandemens royaux, des sentences toutes favorables à nos communes usagères, les 22 décembre 1409 et 8 décembre 1411 ; mais l'institution des tribunaux de la Table de marbre, complétée et généralisée par l'ordonnance de 1669, n'a plus permis de conférer qu'à ces tribunaux le pouvoir de décider en premier ressort, et aux parlemens en dernier ressort, sur *tous les procès civils concernant le fonds* et propriété des eaux et forêts ; les grands maîtres devaient eux-mêmes leur *renvoyer* ces procès aux termes de l'art. 1er du titre XIII ; l'art. 1er du titre I, disait aussi : « les *juges* établis pour le *fait des forêts*, connaîtront de *nos différens, entre quelques personnes et pour quelque cause* qu'ils aient été intentés.

La Normandie est le premier pays, après la province de l'Ile de France, qui ait joui des bienfaits de cette institution ; aussi avons-nous vu le tribunal de la Table de marbre de Rouen, rendre la sentence du 1er avril 1535 en faveur des habitans de Vernonnet. Il était en fonctions depuis 1508.

C'est d'ailleurs postérieurement à l'ordonnance de 1669, institutrice des tribunaux de cette nature, que les ordonnances, arrêtés et jugemens de la chambre des comptes ont été rendus ; documens dont il s'agit maintenant d'apprécier aujourd'hui l'autorité et le pouvoir.

Ces actes n'ont, disons-nous, qu'une autorité réglementaire et n'ont pas eu le pouvoir de statuer sur *le fond* du droit, dont la connaissance était expressément déférée, comme nous venons de le voir, à des tribunaux ordinaires et de droit commun.

Il était, en effet, dans la force des choses, en ce temps-là, comme aujourd'hui, qu'il fût pourvu administrativement à l'exercice des droits d'usage ; qu'une ordonnance, un arrêté ou un avis, comme ceux de 1687, de 1754, maintenus en 1776, réglassent, conformément à l'état des forêts et à la possibilité, le mode et l'étendue de l'usage du droit ; ce règlement a varié à ces differentes époques parce qu'il était, comme tous ceux de cette nature, essentiellement variable, c'est à dire susceptible d'augmentation ou de diminution, selon l'état des choses, et c'est précisément parce qu'il avait ces caractères qu'il devait être réglé administrativement.

L'ordonnance de 1669 est restée en vigueur jusqu'à la publication du Code forestier de 1827 ; nos lois intermédiaires l'avaient si bien conservée, que le Code n'a été, selon les auteurs et les commentateurs de la nouvelle loi, que *l'écho des anciennes ordonnances* en matière *de possibilité des forêts.* (Voyez Curasson, t. 2, n °421.)

Notre question a donc pu se présenter jusqu'en 1827, sous l'empire de la même législation, et elle le peut encore, par analogie, sous la législation actuelle.

Elle s'est présentée, en effet, précisément comme interprétation de l'ordonnance de 1669 ; elle a même été résolue sous la double face où nous l'avons considérée, par le conseil d'Etat lui-même :

On s'est demandé, d'une part, si les questions de possibilité de l'exercice des droits d'usage dans les forêts étaient de la compétence *des conservateurs et administrateurs généraux des forêts* qui ont *remplacé les grands maîtres,* aux termes de la loi des 15-29 octobre 1791, de l'arrêté du 6 vendémiaire an VI, et de la loi du 28 ventôse an XI, qui remettent en vigueur l'ordonnance de 1669 ?

Et, d'une autre part, si les questions *concernant le fond du droit* n'étaient pas *de la compétence exclusive des tribunaux civils* et de droit commun ?

Eh bien ! le conseil d'État a décidé le 16 frimaire an XIV, que l'appréciation des questions de possibilité des forêts était de la compétence des administrateurs généraux qui remplaçaient les grands maîtres, et qu'il leur appartenait de prononcer, à cet égard, *suivant la nature des lieux et des circonstances.....*

Puis, lorsqu'il s'est agi du fond du droit, le même conseil d'État a décidé, au contraire, par deux arrêtés des 23 avril 1807 et 16 février 1811, que les tribunaux *seuls* pouvaient prononcer, « parce qu'il s'agit d'un droit de propriété con-

» testé, lequel se trouve *essentiellement* dans les attributions des tribunaux qui
» en sont *seuls juges.* »

Cette double interprétation de l'ordonnance de 1669 est exactement celle dont
nous avons montré l'application dans les titres séculaires des communes, et le
double principe, d'une part, dans les lois et ordonnances antérieures, rendues
de 1376 à 1583, portant: que les usagers seront *restreints* et *réglés par les grands
maîtres* et *leurs lieutenans,* etc., *selon la possibilité ou l'impossibilité des forêts,* et,
d'une autre part, dans l'institution des tribunaux de la Table de marbre, qui
seuls étaient, comme nos tribunaux ordinaires, compétens pour statuer sur le
fond du droit.

Cette interprétation nous paraît donc désormais incontestable, maintenant que
nous avons été assez heureux de la trouver en tout point conforme à celle du
conseil d'Etat du consulat et de l'empire, où brillaient les hautes lumières
des jurisconsultes anciens !

Concluons donc invinciblement de ce qui précède, que les avis des grands
maîtres, l'arrêté du conseil de 1687 les ordonnances de 1754, 1755 et de 1756,
ne sont que réglementaires ; qu'ils n'ont pu être entendus ni exécutés qu'en ce
sens, et qu'ils doivent être écartés en tant qu'on voudrait les appliquer au fond
du droit des communes.

Il ne nous reste plus à apprécier que la compétence des commissaires de la
chambre des comptes de 1776 , qui ont cru devoir déclarer définitives les ordonnances du grand-maître de 1754, 1755 et 1756 ; ordonnances que ceux-ci
avaient eux-mêmes déclarées purement *provisoires.*

Quels étaient donc les pouvoirs de ces commissaires qu'on veut ériger en
juges souverains du droit d'usage, et quelle est la portée de ce document de
1776, que l'on qualifie de jugement, même en ce qui concerne les communes?

Leurs pouvoirs consistaient, nous l'avons vu, en une simple *commission de
faire les évaluations des biens échangés* entre le roi et le comte d'Eu, *à l'effet de
quoi,* toute cour et juridiction leur était attribuée ; ils n'avaient donc de juridiction que pour faire *les évaluations entre les échangistes,* mais nullement entre
ceux-ci et les étrangers.

C'eût été, en effet, une monstruosité que d'élever cette juridiction en face des
tribunaux de la Table de marbre et des parlemens, que les édits avaient
depuis long-temps *seuls* investis de ce pouvoir.

Et comment cette juridiction, tout anormale, aurait-elle eu la puissance de dé-
pouiller les communes, sans qu'elles fussent parties en cause, sans instruction
ni débat contradictoire, et cela contrairement aux conclusions du procureur

général du roi, qui, nous l'avons vu, déclarait les ordonnances purement *provisoires*; elle aurait donc même pu juger aussi *ultra petita?*

En vérité, c'est bouleverser toute idée d'ordre légal, de principe juridictionnel et de notions du juste et de l'injuste, que de voir là un jugement opposable aux communes. Ce n'est pas au dix-huitième siècle qu'un jugement, rendu même par *commissaires*, pouvait prononcer ainsi; c'est faire gratuitement injure à cette époque, comme ce serait le faire à la nôtre, que de discuter davantage une pareille question !

Disons plutôt que, si ce jugement a *décidé définitivement* quelque chose, c'est entre les échangistes, sur les estimations qu'ils leur avaient demandées, parce qu'ils devaient estimer et juger définitivement tout ce qui concernait ces biens, malgré le caractère provisoire des ordonnances des grands maîtres. Mais cela est, sous tous les rapports, sans pouvoir et sans force contre les communes, qui, d'ailleurs, n'y ont eu aucun égard durant le cours de la troisième période, comme on l'a vu.

Nous avons donc démontré la vérité de nos trois propositions principales, à savoir :

I. Que les avis, arrêtés et ordonnances des grands maîtres, de l'année 1687 et les ordonnances de 1754 et 1755, maintenus en 1776, étaient essentiellement réglementaires et subordonnés, dans leur application, à l'état et à la possibilité des bois.

II. Que ces actes ont ainsi cessé d'avoir leur exécution lorsque les forêts sont redevenues en bon état; conséquence nécessaire de ce principe : *Cessante causa cessat effectus.*

III. Que, dans tous les cas, les autorités dont émanaient ces actes étaient incompétentes pour porter atteinte au fond du droit des communes, en supposant qu'elles l'eussent voulu.

Les droits originaires des communes, tels que la plus longue possession les a continués, augmentés même en certaines parties, restent donc dans toute leur force, ainsi que nous les avons précédemment établis.

Les communes ont conséquemment toute raison de croire que leurs droits seront reconnus amiablement par l'administration supérieure du domaine privé.

Tel est le premier objet de *ce mémoire.*

Et si, contre leur attente, ces communes ne pouvaient en obtenir la reconnaissance, cet exposé devra, pour remplir le vœu des conseils municipaux, être présenté à l'autorité administrative afin qu'elle veuille bien les autoriser à demander en justice le maintien et la reconnaissance de leurs droits; il nous reste à établir qu'elles doivent obtenir cette autorisation.

Ajoutons seulement, en terminant sur ce point, que le droit au *bois-mort*
et au *mort-bois* n'est pas soumis à la formalité de la délivrance, comme s'il s'a-
gissait du droit à une certaine quantité de bois qui aurait le caractère d'une
prestation fixe ; ce point n'est plus contestable depuis le dernier état de la jurisprudence ; les Cours royales et la Cour de cassation elle-même, ont, en conséquence, décidé que le propriétaire du bois doit prouver la *prescription du titre*
établissant un pareil droit, par la *cessation de jouissance des usagers depuis plus
de trente ans*, sans que ceux-ci soient tenus de prouver le contraire par des
procès-verbaux de délivrance (1).

Or les communes usagères ont, comme on l'a vu, titre et possession constante
à cet égard.

§. III.

Y a-t-il lieu d'autoriser l'action en justice des communes usagères?

Nous n'aurions pas pensé que cela pût faire question dans les circonstances,
bien connues maintenant de cette affaire, si la délibération du conseil municipal de Vernon, ou plutôt les lettres qui l'autorisent, ne nous révélaient que
cette question a déjà été implicitement résolue contre les communes.

On a vu, en effet, que M. le préfet de l'Eure n'a autorisé le conseil municipal de Vernon à délibérer, que pour *renvoyer les usagers à se pourvoir individuellement*, par le motif que *l'administration municipale ne pouvait sous aucun
rapport connaître de cette affaire.*

Ce motif dit assez, et les discussions sur les lettres d'autorisation, qui pour-
tant sont encore restées *closes* pour les usagers, ont suffisamment appris que
l'on entend considérer les usagers comme n'ayant qu'un droit *purement individuel* au pâturage d'une seule vache et de simples tolérances à la place des autres droits.

Que dès lors il ne s'agit pas de droits *communaux*, dont *l'administration municipale* doit seulement connaître. (Voy. p. **19, 20 et 21.**)

La même question se présente évidemment devant le conseil de préfecture de
l'Eure, sur la demande en autorisation ; on n'autoriserait pas l'action en justice

---

(1) *Voy.* arrêts de la Cour royale d'Orléans, du 15 juillet 1852 ; de la Cour royale de Paris, du 2 juillet 1856. Il s'agissait de bois appartenant au domaine, pour lequel plaidait M⁰ Teste et M⁰ Paillet pour
les usagers ; arrêt de même Cour, du 18 août 1857. (Voir les discussions, journal *le Droit* des 4, 8 juillet 1856 et 19 août 1857, et arrêt de la Cour de cassation du 23 mars 1842, chambres réunies en
audience solennelle. Sirey, vol. 1842, page 397.)

des communes pour un affaire qu'on dirait non communale et leur être étrangère.

Les titres prouvent assez, comme nous l'avons vu, que les droits d'usages appartiennent bien aux *ville et communes*, et il est clair que pour déclarer ces droits seulement individuels, il faudrait commencer par trancher contre les communes, sans autre forme de procès, toutes les questions du procès lui-même, à savoir :

1° Si les titres des communes et la possession immémoriale n'établissent pas suffisamment le droit de ces communes ?

2° Si les restrictions à certains propriétaires d'anciennes maisons, contenues aux avis, arrêtés, ordonnances, etc., de 1687, 1754, 1755, 1756 et de 1776, n'étaient pas subordonnées à l'état et à la possibilité des forêts, et comme tels, purement réglémentaires et provisoires ?

3° Si les autorités d'où émanent ces documens, en supposant qu'elles aient voulu décider le fond du droit, étaient instituées pour cela et compétentes pour le juger ainsi ?

4° Si les droits originaires des communes, tels que les ont conservés la plus longue possession, paisible, publique et continue jusqu'au jour où, l'année dernière, il a plu au domaine privé de les qualifier de simple tolérances, ne sont pas en droit, comme ils ont été exercés en fait, *des droits communaux ?*

L'autorité administrative a-t-elle juridiction pour résoudre des questions de cette nature ?

Non certainement; elle n'exerce en matière d'autorisation qu'une tutelle administrative, dont l'objet est de voir le degré d'intérêt des actions communales ; de vérifier si les titres et les moyens invoqués à l'appui sont sérieux et permettent de soutenir avec avantage le débat judiciaire ; mais le conseil de préfecture n'a pas à statuer sur la contestation ; il doit, même dans le *doute*, autoriser selon M. de Cormenin (1).

Toutefois sur cette question spéciale des droits prétendus *individuels* des usagers, en opposera sans doute une décision du conseil d'Etat, rendue le 10 janvier dernier, qui rejette le pourvoi de M. Delavigne, maire d'Houlbec-Cocherel, contre l'arrêté du conseil de préfecture de l'Eure, celui-là même qui doit statuer sur notre question.

Mais il suffit de lire avec attention les motifs de cette décision pour voir qu'elle n'est pas applicable dans l'espèce, les voici :

« Considérant qu'il résulte de l'instruction, *notamment des jugemens* et arrêts des 23 mars 1835 et 1er juillet 1836, *rendus par le tribunal civil d'Evreux et la*

(1) Voy. *des Autorisations de plaider*, par M. Reverchon, p. 112 et suiv.—V. Cormenin, T. I, p. 406.

Cour royale de Rouen, que l'action à intenter ne concerne pas une section de la dite commune, mais seulement un *certain nombre de propriétaires* de la section de Houlbec, et que dès-lors il n'y a pas lieu d'autoriser lesdites sections à plaider.»

Sans qu'il soit besoin d'examiner cette décision au fond, ni ce qu'on doit entendre par commune ou section de commune, et si en matière de droits d'usage, comme ceux dont nous nous occupons, il suffirait que quelques individus ne dussent pas profiter de ces usages, comme dans le cas de création d'une manufacture dans la commune (1), pour dire que ce droit cesserait d'être communal, ce qui nous paraît contraire aux principes posés par les meilleurs auteurs et la jurisprudence (2), sans qu'il soit besoin, disons-nous, d'examiner ces questions ; nous le répétons, l'arrêté du 10 janvier 1845 ne peut être invoqué dans l'espèce qui nous occupe.

Sur quoi se fonde, en effet, cette décision ? Sur ce que *des jugemens du tribunal civil* et *arrêt de cour royale ont jugé en dernier ressort* que des droits d'usages ne concernaient qu'un *certain nombre de propriétaires.*

Or, telle n'est pas la position de nos communes usagères ; ce ne sont *ni des jugemens* définitifs de tribunaux de droit commun, *ni des arrêts de cour souveraine* qu'on leur oppose.

Nous avons démontré au contraire :

I. Que les avis, arrêtés, ordonnances de 1687, 1754, 55, 56 et 1776 contenant les restrictions à certains habitans, étaient essentiellement *réglémentaires et provisoires* de leur nature et subordonnés à l'état des forêts, conformément aux ordonnances de 1583 et de 1669. (Voy. plus haut, p. 23 à 26.)

II. Que ces restrictions ont, en conséquence, cessé en fait comme en droit lorsque les forêts sont devenues meilleures, durant la troisième période; que les communes ont payé rentes et redevances par chaque *feu*, ainsi qu'il arrivait dans l'origine sans distinction entre les habitans. (Voy. p. 26 et 29.)

III. Que non seulement les avis, arrêtés, ordonnances et les décisions des commissaires de la cour des comptes n'étaient que réglémentaires, mais qu'ils n'auraient pu, comme *des jugemens et arrêts de nos tribunaux,* juger le *fond du droit* des usagers ; que la juridiction *des Tables de marbre et des parlemens* aurait eu seuls ce pouvoir.

(1) Voy. Proudhon. T. I, n° 138.

(2) *Institutes* de de Gérando. T. II, p. 359. M. Cormenin, 5ᵉ édit. T. III, p. 415. M. Foucard. T. III, p. 20. Ces auteurs définissent une section de commune, une *aggrégation d'habitans* ayant des *droits collectifs* à part de ceux des autres habitans.» Ce qui , dans tous les cas , s'appliquerait fort bien encore aux intérêts collectifs des usagers de nos communes.

Voyez aussi, arrêts de cassation du 6 avril 1836, et de Bourges du 19 décembre 1838.

Enfin, que cette double distinction est démontrée victorieusement par les décisions du conseil d'Etat des 16 frimaire an xiv, du 23 avril 1807 et 16 février 1811. (Voy. p. 29, 30, 31 et 32.)

Il n'y a donc aucune analogie entre l'espèce dans laquelle a été rendue l'ordonnance du 10 janvier 1845 relative à la commune d'Holbec-Cocherel et celle où nous nous trouvons : *le fond du droit était* souverainement jugé dans cette espèce : c'est lui tout entier qui est en question dans la nôtre, et on ne pourrait décider que ce droit est *individuel* et non communal sans statuer sur la contestation elle-même, ce que ne doit pas faire le conseil de préfecture.

Il ne saurait rester de doute sur ce point dans les esprits, si l'on considère la jurisprudence que le conseil d'État a constamment consacrée.

Qu'on nous permette de citer en terminant le décret du 24 décembre 1810, rendu dans une affaire qui concernait les habitans de Laferrière :

« Considérant, porte le décret, que l'autorisation de plaider ne *préjuge* point *la légitimité de la demande,* et qu'elle est requise afin de s'assurer que le vœu de la commune a été émis dans la forme légale et qu'il a pour objet *un intérêt réel;* considérant que les formes ont été observées et qu'il *résulte de la consultation, que les habitans de Laferrière appuient leur prétention de titres et d'une possession de plusieurs siècles.* »

« Le conseil d'État annule l'arrêté du conseil de préfecture et autorise les habitans à se pourvoir devant les tribunaux pour *le maintien de leurs droits.* »

Certes, ce ne sont pas les titres ni la possession séculaire qui manquent non plus aux communes usagères de Notre-Dame-de-l'Isle et de Vernonnet, ni aux autres.

Ces communes ne font, enfin, que *se défendre,* bien que ce soit elles qui aient introduit l'action judiciaire. On n'a pas oublié, en effet, que le régime nouveau *des tolérances* est devenu si intolérable par les procès qu'il a amenés, qu'elles n'ont pas eu d'autre moyen que d'attaquer pour se défendre, or il n'y a pas d'exemple, selon M. de Cormenin, de refus d'autorisation d'une défense : elle est de *droit naturel* (1).

Serait-ce parce qu'il a plu d'appeler tolérances, l'année dernière, les droits résultant des titres des usagers, tels qu'ils les ont conservés par la plus longue possession, paisible, publique, continue jusqu'à ce jour, que des juges seraient refusés aux communes? Car il est évident que déclarer aujourd'hui ces droits *purement individuels,* c'est par le fait leur en refuser. Comment, en effet, les particuliers de *cinq communes* procéderaient-ils individuellement et feraient-

____

(1) Voyez Droit administratif, 5ᵉ édit., p. 406.

ils autant de procès qu'ils sont de têtes ? Non, ce serait en réalité leur dénier la justice que de les *renvoyer* à se pourvoir individuellement.

Le roi Charles VI, nous l'avons vu (1), donnait lui-même, à leurs aïeux, des juges de *grâce spéciale*, au xve siècle ; leur en refuserait-on, à eux, de droit commun, au xixe? Nous ne saurions le croire.

(1) Note de la page 5.

LANGLOIS.

Paris, le 1er août 1845.

ADHÉSIONS.

J'adhère entièrement aux solutions données dans le mémoire qui précède, et aux motifs sur lesquels elles reposent.

Les communes ont en leur faveur des titres anciens, authentiques, soutenus d'une possession conforme. En supposant que des droits ainsi justifiés, acquis d'ailleurs à titre onéreux, pussent, sans le consentement des communes, subir quelques modifications dans leur importance primitive, du moins faudrait-il que ce fût l'effet, soit d'une mesure générale, émanée du pouvoir souverain, soit d'une décision définitive rendue contre les communes, par un tribunal compétent. Or, rien de semblable ne se rencontre dans l'espèce : 1° le prétendu jugement des *commissaires estimateurs*, à la date du 28 août 1776, n'est pas intervenu sur un débat engagé entre le propriétaire des forêts et les communes usagères. La juridiction dont ces commissaires n'étaient qu'une émanation, l'objet tout spécial de leur mission, les conclusions mêmes du procureur général en cette occurnrece, tout s'oppose à ce que l'on puisse voir dans un acte de cette nature, la *chose jugée* contre les communes, infligeant à leurs droits originaires une restriction définitive ; 2° tout au plus pouvait-on reconnaître à ce prétendu jugement une autorité suffisante pour maintenir et continuer les mesures provisoires et réglementaires que l'administration avait précédemment établies dans l'intérêt commun du propriétaire et des usagers ; 3° ces dispositions administratives ne pouvaient devenir perpétuelles qu'autant que l'état des forêts serait lui-même demeuré stationnaire et immuable ; elles devaient donc s'effacer graduellement dans des temps meilleurs, et disparaître avec les circonstances qui les avaient

motivées. C'est même ce qui a eu lieu *en fait*, et avec d'autant plus de justice que, de leur côté, les communes n'ont ni obtenu ni même sollicité aucun
dégrèvement dans les redevances qui formaient le prix des concessions primi-
tives.

Quant à l'autorisation de plaider, si les communes sont obligées d'y recourir,
on ne comprendrait pas que le conseil de préfecture pût hésiter à la leur accor-
der. En présence des titres et de la possession qu'elles invoquent, leur droit est
au moins assez *probable*, comme il est assez précieux, pour qu'elles aient la faculté de le défendre en justice, à leurs risques et périls. Il est évident d'ailleurs
que c'est là une de ces actions qui appartiennent exclusivement à l'autorité judiciaire, et que les membres de la communauté doivent exercer *non ut singuli, sed
ut universi*, conséquemment par l'entremise des représentans que la loi leur a
donnés.

Paris, 30 juillet 1845.

A. PAILLET,
Ancien Bâtonnier.

Le soussigné,

Vu le mémoire de Me Langlois,

En adopte pleinement les développemens et les conclusions.

Les droits d'usage des communes de Vernonnet, Pressagny-l'Orgueilleux,
Notre-Dame-de-l'Isle, Hennesys et Bois-Jérôme sont fondés en titre. De plus, ils
ont été constitués, dès l'origine, par contrat à titre onéreux. Si, dans l'inter-
valle qui s'est écoulé depuis 1673 jusqu'au commencement de ce siècle, des
restrictions ont été apportées à l'étendue de leur jouissance, les principes de la
législation qui régissait alors les bois et forêts, la nature de ces restrictions, et la
qualité dans laquelle ont procédé les autorités dont elles émanent, démontrent
jusqu'à l'évidence que l'exercice du droit des communes a seulement été subor-
donné, suivant les temps, à la possibilité des forêts, mais que ce droit lui-
même est toujours resté intact.

L'ordonnance de janvier 1583, et, après elle, l'ordonnance de 1669, vou-
laient qu'il fût informé par les grands maîtres des eaux et forêts de la possibilité ou de l'impossibilité des forêts, et que les usagers fussent restreints et
réglés en conséquence. Mais de là même il résultait que ces restrictions et
règlemens étaient essentiellement temporaires, qu'ils devaient suivre et re-

fléter les modifications survenant dans l'état de la forêt grevée d'usages ; qu'uniquement conçus et arrêtés dans des vues de police générale, et dans l'intérêt de la conservation du sol forestier, la durée de leur existence était limitée à la durée même des circonstances qui en déterminaient l'adoption.

C'est ainsi que l'exercice des droits des communes consultantes a été restreint et réglé par l'arrêté du Conseil de 1687, et par des ordonnances des grands maîtres des eaux et forêts de 1754, 1755, 1756. Voir dans ces arrêtés et ordonnances autre chose que des règlemens temporaires de l'exercice du droit d'usage, règlemens nécessités alors par l'état des forêts de Vernon et d'Andely ; y voir notamment la réduction définitive et irrévocable du droit des usagers, c'est méconnaître la législation de cette époque, c'est oublier qu'en ce qui concernait le droit même, juridiction exclusive appartenait spécialement dans le ressort du parlement de Rouen, en vertu de l'édit de novembre 1508, et plus tard, dans toute la France, en vertu de l'ordonnance de Villers-Cotterêts de mars 1558, à la chambre des eaux et forêts, au siége de la Table de marbre.

Il n'y a également aucun argument à tirer, contre les communes usagères, de l'ordonnance rendue le 28 août 1776 par les commissaires de la chambre des comptes, cette ordonnance ayant eu pour unique but de déterminer la valeur qu'avaient alors les forêts de Vernon et d'Andely, pour préparer la consommation de l'échange de ces forêts domaniales avec la principauté de Dombes, qui appartenait au comte d'Eu. En 1655, une pareille ordonnance avait été rendue par les commissaires de cette même chambre des comptes, délégués pour l'estimation de la forêt de Conches, cédée par Louis XIV au duc de Bouillon, et, quand ultérieurement des contestations s'élevèrent entre le duc et les usagers, elles furent vidées par un arrêt de règlement rendu par le parlement de Rouen, le 16 août 1687, sans égard à l'ordonnance des commissaires de la chambre des comptes de 1655.

Les communes consultantes sont donc fondées à réclamer la reconnaissance et le plein exercice de leur droit d'usage, tel qu'il résulte de leurs titres et d'une longue possession tant antérieure que postérieure aux arrêtés et ordonnances de règlement. Il est inutile d'ajouter que *c'est là un droit communal* qui ne peut être revendiqué qu'au nom des communes : l'autorisation d'ester en justice à cet effet ne saurait leur être refusée.

Paris, 6 août 1845.

St. Ch. CLÉRAULT,
Avocat aux Conseils du Roi et à la Cour de cassation.

Le conseil soussigné

Adhère complètement aux résolutions contenues dans le mémoire de Me Langlois, son confrère.

Il est d'avis que les arrêtés des grands maîtres des forêts, qui ont restreint l'exercice des droits d'usage des communes, étaient fondés uniquement sur la *possibilité des forêts* à l'époque où ces arrêtés ont été rendus; que par conséquent leur caractère était essentiellement provisoire; et que si aujourd'hui la possibilité des forêts est plus étendue, comme tout l'indique, les restrictions doivent disparaître avec la cause qui les avait déterminées;

Que la chambre des comptes n'a ni statué ni pu statuer sur les droits d'usage, entre le domaine de l'État et les communes; que, si elle a considéré comme définitifs certains arrêtés des grands maîtres, elle ne l'a fait et n'a pu le faire que sous le point de vue de la valeur des forêts, et pour déterminer cette valeur entre l'État et l'échangiste; mais qu'une telle décision a laissé intacts les droits alors existants et les droits futurs des communes; et cela d'après la double raison :

1° Que l'arrêt de la chambre des comptes avait un caractère purement administratif, puisqu'il ne tendait qu'à consommer un échange et à le rendre légal;

Et 2° que, lors même que cet arrêt aurait eu un caractère contentieux, il ne pourrait être opposé aux communes, en vertu du principe que l'autorité de la chose jugée ne s'applique qu'à l'objet de la contestation et ne saurait être invoquée que contre les personnes qui ont été parties dans le jugement.

Enfin, le conseil soussigné pense que les droits dont il s'agit ne sont pas purement individuels, mais qu'ils appartiennent à des communes ou sections de commune, et que par conséquent ces communes ou sections de commune doivent être autorisées à plaider.

Sur tous ces points le soussigné adopte les moyens présentés avec une lucidité parfaite par Mr Langlois.

19 Août 1845.

H. DE VATIMESNIL.

Le soussigné *adhère aux solutions que présente le mémoire ci-dessus et aux motifs* qui leur servent de base.

Dans cette grave affaire, trois questions doivent être examinées au fond.

Les droits d'usages ont-ils anciennement appartenu aux communes ?

Ces droits ont-ils été convertis en de simples tolérances révocables à volonté ?

De quelles modifications ces droits sont-ils susceptibles ?

Après avoir examiné ces trois points, il reste à apprécier les obstacles que rencontrent les communes dans l'exercice de leurs droits.

D'abord, que les communes aient eu des droits d'usage sur les forêts de Vernon et d'Andely, c'est ce qui ne peut être sérieusement contesté. Les titres sont positifs ; la possession déjà immémoriale en 1409, suffirait seule.

La conversion de ces droits en simples tolérances est une invention toute nouvelle, que rien ne justifie et n'explique. Le droit d'usage est un démembrement de la propriété ; il ne peut se perdre que par les moyens par lesquels se perd la propriété elle - même. Or, y a-t-il de la part des communes renonciation, vente, aliénation quelconque ? On ne l'allègue même pas. La prescription est-elle acquise contre elles ? elle n'est pas même invoquée.

Mais si les droits subsistent, ils ont pu être modifiés, en ce sens qu'ils sont subordonnés à l'état des forêts, et que par conséquent ils peuvent diminuer, si l'état des forêts est moins prospère. Mais, par une déduction irrésistible, ils reviennent à leur état primitif et augmentent même , si la prospérité des forêts vient à s'accroître.

Ce sont des principes parfaitement établis dans le mémoire et qui n'ont jamais été méconnus.

Les actes de la chambre des comptes ne peuvent prévaloir contre eux. Il n'y a rien de plus clair et de mieux fondé en doctrine que la partie de la discussion qui apprécie les actes.

Enfin, le soussigné n'hésite pas à dire que les obstacles qu'on oppose aux communes demandant à exercer leurs droits, sont mal fondés ; et qu'évidemment ils sont de la part de ceux de qui ils émanent l'effet de préoccupations involontaires sans doute, mais bien fâcheuses.

Quelque indépendant , honorable et impartial que soit le caractère de M. le maire de Vernon, il est impossible que ce fonctionnaire représente les communes dans une lutte engagée entre elles et le domaine privé dont il est l'agent.

L'autorisation de M. le préfet est en dehors des termes de la loi du 21 mars 1831.   6

Sans doute, d'après l'art. 24 de cette loi, dans les réunions extraordinaires les conseils municipaux ne peuvent délibérer que sur les objets pour lesquels ils ont été spécialement convoqués.

Il n'y aurait donc rien à dire si l'arrêté de M. le préfet avait indiqué nettement et même rigoureusement l'objet de la délibération du conseil municipal de la ville de Vernon.

Mais l'arrêté préfectoral ne s'est pas borné à indiquer l'objet de la délibération, il a dit en quel sens la délibération devait être prise.

En effet, la question était de savoir si la commune ou la section de commune devait plaider pour réclamer ses droits d'usage.

C'était là le point sur lequel devait porter la délibération.

M. le préfet permet de délibérer, mais il ne le permet que pour renvoyer les habitans de Vernonnet à se pourvoir individuellement, c'est à dire à condition qu'on refusera à la commune le pouvoir d'exercer ses droits.

La loi a été violée ouvertement par cet arrêté, et certainement si on en faisait l'observation à M. le préfet, il reconnaîtrait l'erreur qu'il a commise, on obtiendrait de sa loyauté une nouvelle autorisation qui déterminerait sur quoi il faut délibérer, mais qui ne dirait pas ce qu'il faut décider.

Délibéré à Paris, le 22 août 1845.

DUVERGIER,

Bâtonnier.

PARIS. — IMPRIMERIE D'ÉD. PROUX ET Ce, RUE NEUVE DES-BONS-ENFANS, 5.